천 년 쌓인 햇살

천년 쌓인 햇살

장 정 애 제9시집

세종출판사

| 자서自序 |

햇살은 천 년을 쌓여도 두께를 알 수 없는데
잠시 지나는 생이 참 많이도 쌓아 두고 있다.
나눔이 햇살만큼 나를 가볍게 해 주리라!

한때 내 마음에 머물러 윤슬처럼 반짝이던
생각들을 흘려보내며
야문 것이든 미숙한 것이든
그 물길이 트여 가볍다,
고맙다,
기쁘다!

그대에게도 반가움으로 스쳐 가기를….

2024년 여름날
지은이 장 정 애

차례

3부 시에 환승

4부 아랑곳하다

5부 다시 하늘 꽃

6부 새 옷

후기

1부

백화등이 핀 정원

더불어 살아가려

햇살도

나눠

입는

겨울 개나리꽃

이 겨울 견디느라
손 시린 이들에게

서둘러 노란 웃음
위로 삼아 건넸으나

새 봄날
햇살 고이면
튀밥 보러 오세요

사춘기 흔적

산길 걷다 만난
버혀진 나무 둥치

나이테에 새겨진 것,
시렸을 그 성장통

이제야 한 줄 무늬로
추억하고 있구나

산딸나무 꽃

하얀 보 네 귀 펼쳐
봉긋이 돋은 망울

그 산딸 익기도 전
뿌리째 뽑힌 내력

뒷집 딸, 집 두고 길에
청동으로 돌아온.

시의 씨앗

집 뒤 숲에서 처음 만난 산딸나무 꽃. 첫인상이 얼마나 참하고 단아하던지! 곳곳에서 일어나고 있다는 '평화의 소녀상' 훼손 뉴스를 들으며, 나는 우리 민족 누구에게든 이웃이었을 그들이 그 꽃과 많이도 닮았다는 것을 알았다.

큰꽃으아리

간밤 꿈 맑더니만
참으로 느닷없다

한창 봄, 산비알에
넌출넌출 가마 타고

새악시 큰꽃으아리
수줍은 듯 뽀얀 낯.

꽃잎 돋길 기다리며
애타던 꽃받침이

이름까지 얻어 놓은
으아리, '큰꽃'이라

주연이 비워 둔 자리
외려 갈채 뜨겁다.

갈 때를 안다는 건
더없는 축복이네

노오란 꽃술 풀어
왕관 하나 엮더니만

열매에 또르르 얹고
사라지는 백일몽.

백화등이 핀 정원

바람도 마파람에
마중 나온 하얀 웃음

꽃 덤불 그늘에서
흥건히 취하는 날

지나던 구름까지도
바람개비 돌린다.

곁 내주는 큰 나무에
조심스런 저 까치발

더불어 살아가려
햇살도 나눠 입는

속 깊은 마음 씀씀이
기특하다, 고맙다.

꽃 닮은 주인인가
주인 닮아 핀 꽃인가

백화등 피었다며
초대한 고운 마음

오월은 저물어 가도
정은 아니 이울고.

어린 오리나무처럼

너, 살아 있었구나
반갑고 기특해라

그리도 쏠아 대던
늦가을 식객들을

한겨울 추위 버티며
온통 떨쳐 버리고.

너, 정말 살았구나
쪼그렸던 그 작은 몸

학교 뒤 담벼락에
쌓였던 비밀 털고

저 어린 오리나무처럼
새봄 맞은 아이야.

오 리마다 오리나무
이정표 삼았다니

잘 아문 상채기도
굳은살로 살아나면

누군가 새 하늘 보겠네
길잡이를 찾겠네.

시의 씨앗

유독 오리나무 잎을 쏠아 대는 해충, 그런데 봄날 다시 잎 틔우는 것을 보고 문득 학교폭력으로 상처 입은 아이들이 떠올랐다. 잘 버티고 살아남아 훗날 또 그런 아이들의 멘토가 될 수 있기를!

숨어 피는 꽃

술래도 하나 없는
짙은 풀숲 숨바꼭질

보내기 아쉬운 듯
숨결로 발 붙들어

내 마음 두고 온 자리
향내 승천하는 곳

시의 씨앗

아름다운 사람에게서는 절로 맑은 향이 난다.
곁에 그런 이들이 많아서 참 행복하다.

금빛 겸손

한 포기 이삭에서 피어난 백 송이 꽃
벌 나비 부를 틈도 단장할 짬도 없어
화르르 제꽃받이로 알곡 맺는 순식간

수수한 시골 아낙 베적삼 옷섶 아래
일곱을 먹이고도 남아도는 젖줄처럼
이 땅의 자자손손을 먹이려고 오는 길

세상 참 귀한 것이 한없이 소박하여
화려한 그 무엇에 비할 바 없는데도
나락은 가을 깊도록 발만 보고 섰구나

2부

섬 하나 안고

섬
하나
안고서도

애타는
저
바다

자구리

자구리 앞바다엔 애기 잠녀 꿈이 찰방

자맥질 한 번이면 소남머리에 닿겠다고

겡이통 바위 턱 붙들고 맹탕맹탕 물장구

자구리; 제주도 서귀포시 서귀동 마을
잠녀; 해녀
소남머리; 서귀포 앞바다 벼랑, 정방폭포 가까이 있다
겡이통; 게들이 드나드는 바위틈, 어린아이들이 물장구치며
놀기 좋은 바위 웅덩이

진주조개

초승달 삼켜 버린
그날의 복된 잉태

뼈 깎아 키운 보람
빛나는 보석 한 알

바다는 탄생을 감추고
모래알도 함구증

앙다문 그 입 속에
무슨 비밀 숨은 줄을

보름달 둥두렷이
물속에 잠긴 줄을

사람은 알지 못해도
아는 목숨 더러 있다

애월의 놀

먼 태풍 소식에도
열뜬 하늘 관자놀이

맞닿은 바다조차
사정없이 들끓더니

떠돌던 숨비소리도
붉디붉게 젖는다

얼마나 간절해야
천지가 화답하나

애월을 삼킬 만큼
어룽탄 저 불덩이

스러져 재 다 되도록
눈에 꾹꾹 담는다

애월; 제주시 동남쪽의 애월읍

와흘리 메밀밭에서

파랗게 칠렁대다
검바위에 철썩이고

뭍으로 뛰어올라
흩어진 포말들은

풀섶을 암만 뒤져도
찾을 길이 없어라.

거뭇한 돌담 두른
중산간 들녘마다

시월상달 기다린 양
초록 물결 일렁이자

사라진 하얀 포말이
여기 모두 내리네.

이제야 알겠거니
그리움이 씨앗인 걸

섬 하나 안고서도
애타는 저 바다가

와흘리 메밀밭에서
파도치는 까닭을.

외흘리; 제주시 조천읍 와흘리

해국에게

견뎌야 하는 것이
바람만은 아닐 텐데

발 뻗을 틈도 없는
아슬한 벼랑에서

그래도
웃고 있구나
꼭 너 닮은 바위 꽃

해 맑은 날을 골라
꽃대 하나 세워 보고

바람 잔 어느 새벽
망울 하나 터뜨리곤

그래도
다행이라며
참 수줍게 웃는 꽃

삶이 온통 기적이라
더 바랄 것 없다더니

솟구친 물너울에
간신히 버틴 날도

그래서
감사하다며
또 하루를 사는 꽃

비양도

그는 아직 젊디젊어
섬 자락 막둥이 섬

고작 몇만 나이테를
수줍게 헤아리며

비양봉 비양나무가
하늘하늘 웃는 곳

화산탄 축포에다
탄생은 엄청났지

쏴르르 바닷물도
돌 안고 끓었댔어

아무도 짐작 못 하네
섬 하나가 솟는 일

그 섬에 등 기대고
살아가는 섬사람도

그 섬이 그리워서
찾아가는 뭍사람도

펄랑못 염담수 나들듯
섶 내밀어 품는 섬

오늘 바당

동굴도 바위틈도 촉루로 가득한데
그 꽃불 다 사른들 돌아올 숨 있으랴
심방은 넋을 부르다 향불 따라 삭는다.

초 하나 둘 곳 없이 추념追念 쌓인 엉알에는
설익은 물숨들이 허공을 헤엄치고
메꽃은 자갈에 누워 무심한 듯 피었다.

꽃 피니 나비 오고 씨 맺혀 또 봄 오고
너울도 물속에다 씨알들 풀어놓아
바당은 출렁일 따름 어제인 듯 오늘도.

바당; 제주에서 바다를 말함
심방; 제주에서 굿을 주재하는 사람을 말함.
엉알; 제주에서 벼랑 아래를 일컬음.
물숨; 물속에서 참는 숨, 죽음을 뜻하기도 함.

이어도

물숨 따라 가려 해도
밀어내는 바다 물결

숨비소리 싣고 오는
테왁의 무게로써

이어도 이여도사나
다시 잇는 목숨 줄

시의 씨앗

테왁은 가볍다. 가벼워야 목숨을 살린다.
우리는 무언가를 지녀 무게가 있어야 살아갈 수 있다고 믿는다.
이어도 물속에서는 무게를 모두 버릴 줄 알아야 한다. 그래야 물질 가는 해녀들처럼 '이여도사나'라고 노래할 수 있다.

조가비의 나이

무량한 저 바다를
밀다가 당기다가

파도가 데리고 온
오래된 조개껍질

쓸쓸히 저녁놀 담고
모래톱에 꽂히다

산 것들의 나이보다
길고 긴 그 시간을

쓸리고 씻겨 가며
때 묻고 맑아지며

언젠가 퇴적될 흙을
기다리고 있었지

개수도 셀 수 없는
저 겹겹 물 이불을

뭍은 또 어둠 빌려
잘도 덮고 누웠는데

죽어도 못 죽는 껍질
집게 불러 품는다

3부
시에 환승

삼사삼사
단정하게

삼오사삼
멋들어지게

환승역에서

땅 속으로 달려와도
또 다시 열리는 길

새 날도 이렇듯이
훤하니 뚫리시라

오늘은 시에 환승하여
시름 접어 두련다.

백수 전白水前

참말 백百 수首는커녕 초장도 감감한데
천千 수首를 헤아리는 달고 따신 님의 시조,
한 걸음 닿지도 못하고 속만 내내 탑니다.

백수白水; 시조시인 정완영의 아호

서운암 장독처럼

서운암 장독대에 켜켜로 쌓인 볕은
중생들 먹을거리 해마다 고이 품고
곰삭은 세월만큼씩 익혀 가는 중인데

그 많은 독 중에도 제일 큰 항아리에
큰스님 보물 같은 겨레 사랑 담겼으니
바로 그, 깊은 사랑이, 시조임을 아시는가

퍼내도 또 고이는, 발효로 숙성된 시詩
삼사삼사 단정하게 삼오사삼 멋들어지게
겨레의 향기를 품고 익어 가고 있다지

명성名聲

– 고 오승철 시인

제 이름 제가 불러 온 산을 적시더니
뚝 그친 이 계절은 온통 적막 그대로다
꿔엉 꿩, 이명이 된 소리, 바써 바써 그립고.

바써; '벌써'의 제주 방언

세한歲寒의 여백

곤궁을 헐어 내어 한지에 지은 초막

청솔과 잣나무로 울담도 둘렀거니

낙관은 절로 마르라 하고 한바다를 찾는다.

세월은 파도 높고 세상은 손 시려도

비워야 차오르는 참 여유 헤아리며

해무에 흐려진 길목 이정표를 세운다.

기교로 휘감아 둔 세싱 온갖 허식들에

먹빛 드문 필체로나 담담히 답 내밀며

세한도歲寒圖 하얀 여백에 적막하게 앉은 이.

추사秋史의 바다

다 받아 주마 하고
제주 바다 열렸으나

추사의 마음에는
파도만 철썩이고

열거나 닫을 수 있는
인적 아예 없더라.

그러게, 바다조차
사람이 여닫거늘

바람뿐인 초가삼간
묵향으로 쓸었으니

붓질도 숨비소리 젖어
간결하기 가없다.

한바다 마음 익혀
마음속 바다 열고

푸름을 펼쳐 두니
돌아오는 뱃노래라,

넉넉한 추사秋史의 바다
이제 윤슬 부시네.

수몰

달콤한 언약이야 이주 통고 포장일 뿐
저 너른 벌판까지 먹여 살릴 수手라는데
그까짓 마을 하나쯤 잠긴대도 일없네

둑 쌓을 사람 몇이 무례無禮를 펄럭이자
예민한 짐승들은 비탈을 치닫는 밤
단 몇 푼 보상비에도 봇짐 꾸릴 수밖에

복사꽃 피던 동구, 화사한 꽃부꾸미,
긴 세월 나눈 인정 물살에 쓸려 가고
돌아올 기약도 없이 흩어져 간 사람들

고향이 어디냐고 묻는 이 하나 없네
지도에 없는 땅을, 번지도 없는 곳을,
뉘라서 찾아갈 까닭 만들기나 하겠나

아득히 먼먼 훗날 산길 오른 어느 시인
수몰된 고샅길을 마음으로 거닐다가
개흙 속 항아리 한 점 건질지도 모르지

4부
아랑곳하다

언 땅의
저 결기로써

힘을

모을

일이다

태풍 다음

참말로 뒤끝 없어
밤새 안녕 맑은 하늘

화해는 그래야지
앙금도 씻어야지

살다가 태풍 일어도
저리 털고 가야지

비행

거대한 쇳덩이가 활주로를 질주하여

하늘을 움켜쥐고 사뿐 뛰어오르더니

순식간 아득히 떠서 구름층에 들었다

막막한 구름 속을 더 뚫고 솟구치니

이제는 푸른 하늘 햇살 부신 축복이라

우리 삶 그만큼씩은 떠올라도 좋겠다

장마에 비옵느니

저 구름 꽁꽁 묶어
농부 시름 달래시고

그 밧줄 사막에다
넌출 풀어 놓으소서

한 치 앞, 앞가림뿐일
눈먼 기도입니다만.

브레이크

밟아, 말아, 망설이던 발치 끝 제동 장치
멈춰야 할 것들이 도무지 서질 않아
투표소 뒷줄에 서서 기웃대는 인ㅅ 도장

아랑곳하다

얼음 기둥 부추기며
언 땅이 일어선다

물기만 서 있거나
흙조차 거들거나

아무튼 일어선 땅엔
싸한 결기 배었다

물러설 수 없는 까닭
더없이 많은데도

나는 또 어느 틈에
뒷걸음을 놓고 있나

언 땅의 저 결기로써
힘을 모을 일이다

시의 씨앗

겨울 새벽 산길에서, 흙을 붙들고 곧추선 얼음기둥 무리를 보았다. 물이 증발하지 않고 언 채로 서로 붙들고 있다가 다시 물이 되어 뿌리들을 적시리라는 생각에, 그 서릿발이 봄을 부르고 있음을 깨달았다. 함께할 때 힘이 생기는 이치, 세상살이도 그렇지 않을까….

품다

그 오월 댈러스에
비 오듯 총알 날아

엄마는 품었단다
아이만 살았단다

엄마는 그럴 수 있다
엄마라서 그렇다.

안긴 품 하늘 같고
안은 품은 우주라서

별이 된 한순간에
삶의 궤적 어긋나도

엄마는 살아 있었다
아이 눈에 영원히.

백천 번 또 그렇게
불덩이가 덮친대도

엄마는 또 그렇게
안고 품어 살릴 게다

생명의 두물머리에
푸른 안개 서린 날.

시의 씨앗

2023년 5월 6일 미국 텍사스주 댈러스에서 일어난 총기 난사 사건으로 한 어머니가 아이를 품어 총격으로부터 보호하고 자신은 목숨을 잃었다는 기사를 보았다.

태풍처럼

뒤집고 싶었느냐
말짱한 한바다를

날마다 속 감추고
괜찮다 하는데도

한번쯤 흔들어 놓고
다그치려 했느냐

시의 씨앗

어릴 적에는 태풍이 지나간 바닷가를 참 좋아하였다. 바닷속 온갖 해초들이 떠밀려와 보물을 줍는 기분이었기 때문이다. 간혹 우리도 그렇게 한 번씩 우리 마음을 헤집고 추스를 필요가 있을지도 모른다.

가는 봄

저 구름 몸 불려서 비를 몰고 온다 하니

들판의 찔레 덤불 서럽게 출렁이고

애닯은 뻐꾹 울음도 봄을 놓지 못하네.

산불

무서운 숲의 반항
숲 아래 땅의 분노

모두들 손을 씻고
묻은 물 털어 낼 적

지구만 심장 속까지
들들 끓고 있었나

타다닥 터져 나온
송진의 아우성에

불은 또 없는 길을
노도로 달려가고

아무도 붙들 수 없네
종말 여는 전주곡

그 누가 저 불길에
속죄 눈물 쏟아 주랴

그 눈물 강이 되어
숲을 다시 다독이고

부르튼 입술을 달래
화해할 틈 벌 텐가

이제 그 잠시 틈이
마지막 보루라니

이 땅을 달랠 만한
번제물을 모아 보자

태초의 황무지라도
다시 열릴 때까지

시의 씨앗

기후 변화가 참으로 심상치 않다.
이런 걱정이 무슨 쓸모가 있을까만, 그래도 함께 염려를 나누지 않을 수 없다.

5부
다시 하늘 꽃

천 년을 쌓였으나

단

한

겹

햇살처럼

하늘 꽃 31

– 믿음

실존實存이 잣아 올린
가녀린 명주실을

바위만큼 야물도록
촘촘히 홀쳐 두면

어둠이 깊어갈수록
야광으로 빛나지

하늘 꽃 32

– 희망

얼음 밑 물소리에
가만 귀 기울이면

칼바람이 가린 미풍
먼 데서 오는 소리

희망은
보이지 않아도
미리 맞는 봄이네

하늘 꽃 33

– 사랑

봄이 오게 하여
꽃망울 틔워 주고

열매 맺을 그날까지
기다릴 줄 알게 하는

마음 밭
이랑마다 돋는
잘 데워진 씨앗들

하늘 꽃 34

– 취하다

술술 잘 들이켜도
취할 까닭 없다는 듯

그대의 맑은 두 눈
취기를 모르더니

오히려 한 줄 시구詩句에
넋을 놓는 그 감성

하늘 꽃 35
– 시련

원석을 그 누구도
보석이라 하지 않지

모질게, 뼈아프게,
깨고 깎고 두들겨서

빛나는 울음 터져야
그렇게들 부르지

하늘 꽃 36

– 합의

다리든 콧등이든
아는 대로 읊어 보렴

네 손으로 내가 본 듯
귀 열고 마음 모아

코끼리 한 마리쯤이야
얼마든지 그리지

하늘 꽃 37

– 사춘기

갑자기 자란 몸이
찢어 놓은 옷깃처럼

낯선 생각 묘한 감정
담을 그릇 찾느라고

안개 강 건너가다가
집도 벗도 잃겠네

하늘 꽃 38

– 간절함

그의 눈은 돋보기다
망원경, 현미경이다

어느 때 어디서건
님 모습 찾아내는

애절한 사랑의 촉수,
눈먼 이의 더듬이다

하늘 꽃 39

– 평화

날마다 시간 맞춰 애타게 기원해도

먼 그곳 여태까지 평화롭지 않은 것은

가까운 내 이웃과도 풀지 못한 갈등 탓

시의 씨앗

평화를 정량적으로 평가할 수야 없겠지만 우리 각자가 이루는 관계 복구는 분명 나비효과를 불러일으킬 것이다!

하늘 꽃 40

– 이웃

새도록 반짝이며
유난히 밝은 저 별

어둠 다 지났다며
다독이는 샛별이네

수, 또 화, 목토천해명,
다 비껴간 밤길에

시의 씨앗

지구의 이웃은 금성일까? 어릴 적 졸졸 외우던 수□금□지□화□목□토□천□해□명을 다시 떠올린 밤이 있었다. 나는 누구의 진정한 이웃일까 하며….

하늘 꽃 41
– 전쟁

봄 오니 나무 밑동
촉촉이 젖었더라

봄물로 움 틔우고
움 틔워 잎 피우고

봄은 또 저리 오는데
어찌하나, 키이우!

시의 씨앗

'키이우'의 러시아식 발음이 '키예프'라고 한다. 우크라이나인들은 자신들의 언어가 사라지지 않기를 바라며 국제 사회가 '키예프'가 아니라 '키이우'로 불러 주기를 원하였다. 일제강점기 때의 우리말이 떠오른다.
자연은 질서에 순응하며 평화를 이루는데 인간은 왜 그렇게 못 하는지 안타까운 날들이다.

하늘 꽃 42

– 시인

뉘 지운 업보인 양
마음을 공글려서

끄적여 내어 놓는
자신 닮은 시구詩句 한 절

어미는 눈먼 바보다
새끼밖에 안 뵈는.

하늘 꽃 43

– 본질

제주도 저 먼 섬도
한때는 뭍이었듯

섬 같은 그와 나도
본디는 하나라며

저물녘, 맨몸으로 와
철썩이는 바닷물

하늘 꽃 44

– 공감

범종이 우는 시각
혼자만 울겠느냐

때린 후 휘적대는
봉의 거친 숨결 보게

저 먼 숲 풀꽃 하나가
이슬 떨군 첫새벽

하늘 꽃 45
– 연상

기억 다리 몇을 건너 널 만난 추억의 강

떠나간 물길 속에 가라앉은 종이배를

무심히 물어다 주는 아기 거북 한 마리

시의 씨앗

연상聯想이란 극히 개인적인 것이다. 남에게는 아무렇지도 않은 것이 한 사람에게는, 그의 경험을 업고, 무언가를 떠올리게 한다. 게다가 그런 인식을 연결해 주는 것도 다른 이에게는 아주 무관한 것일 경우가 많다.

하늘 꽃 46

– 소나기

느닷없이 쏟아져서 흙먼지 씻어 내고

거미줄 조롱조롱 꿰어 놓은 옥구슬들

이슥고 산 너머에는 새끼손 건 무지개

하늘 꽃 47

– 통증

속이 찢어졌나 보다 겉으론 멀쩡해도

빙그레 늘 웃기에 그런가 보다 했지

내 살이 신음하고야 짚어 보는 네 고통

시의 씨앗

족저 근막염으로 고생한 적이 있다. 아무런 상처도 없으나 통증이 심해서 힘겨웠는데, 누군가 삶의 어려움 속에서 그렇게 티내지 않고 신음하고 있을지도 모른다는 생각이 들었다.

하늘 꽃 48

– 불현듯

어둠 쓱 걷어 내며
가로등 밝아오듯

담담한 시 한 편이
마음에 들어와서

불 켠 듯 밝아진 둘레,
우리 삶의 저녁때

하늘 꽃 49
- 묵묵히

산 오르다 깨달았네
남은 거리 세지 않기

묵묵히 걷다 보면
어느덧 닿을 그곳

끝은 늘 거기 있으니
한결같이 딛을 것

하늘 꽃 50

– 제비꽃

누가 알려 주었을까
지난해 꼭 그 자리

터 지킨 생명 줄로
담벼락 붙들고선

배시시 햇볕을 물고
기대앉은 보라색

하늘 꽃 51

– 경계선

산 넘는 구름 탓에
흐릿한 능선이나

가깝고 또 머나먼
그대 마음 현주소나

알아도 다 알 수 없어
넘겨짚다 마는 것

하늘 꽃 52

– 과녁

마음은 뵈지 않아
과녁이 될 수 없네

온 세상 미움 모아
총알을 만든대도

사랑은 쏠 곳이 없어
깨트릴 수 없는 것

하늘 꽃 53

– 인터넷 벽

내 안에 벽이 서네
저쪽을 가려 솟네

이념의, 무관심의,
냉랭한 손사래가

문인 양 겉치레하고
때도 없이 쌓이네

그 옛날 성벽이야
성 안을 보듬었고

고샅길 담벼락은
꽃이라도 얹었는데

내 안에 나를 가둔 채
침잠하는 관계망

하늘 꽃 54

– 원칙과 허용 사이

자꾸 들어 주다 보니
결국 들어주게 되고

들어준 고마움도
까맣게 잊어버리는

인간의 야트막한 마음
서로서로 닮은꼴

시의 씨앗

우리글은 보조 용언의 표기에 원칙과 허용의 경우가 있다. 원칙은 띄어 써야 하지만 문장 구성이 간결해야 할 때는 붙여쓰기도 할 수 있다. '들어 주다'는 말을 듣는 행위이지만 '들어주다'는 요구를 받아들이는 것을 뜻하나, '들어 주다'를 '들어주다'로 쓸 때가 많다. 사람들의 관계에서도 그렇게 허용에 익숙해질 때가 많은 듯하다.

하늘 꽃 55
– 헌신

닥풀과 닥나무가
서로를 사랑하여

목숨을 내줄 만큼
애틋이 아끼더니

몸 섞어 한 장 한지로
내 손 안에 피었다.

하늘 꽃 56

– 나눔

천 년을 쌓였으나
겹 모를 햇살처럼

또 천 년 스쳤어도
흔적 없는 바람처럼

빛으로 지나는 걸음
사람살이도 가볍게.

하늘 꽃 57
- 무량하다

허공에 달린 석공
깎아 낸 암벽 속에

하세월 햇살로 짠
얇은 너울 두르시고

골굴사 마애석불님
가만 웃고 계시네

골굴사는 경주에 있는 사찰로서 깎아지른 벼랑 위의 마애석불이 유명하다.

6부
새 옷

꽃바람
스쳐만 가도

홀로
우는

물
고
기

우화루 목어

꽃비 오는 산비알에
세월없이 앉은 누각

목어木魚는 물의 것들
날마다 깨우느라

배 속도 다 비워 내고
소리조차 잃었다

허공을 붙들고서
너무 오래 살았을까

흐물대는 비늘 보며
넌지시 목어目語하는,

꽃바람 스쳐만 가도
홀로 우는 물고기

우화루는 전북 완주의 화암사에 있다.

닮다

어항 속 열대어가
꿈꾸는 그 바다는

금물결 넘실대고
뭇 생명 넘쳐나고

봄날엔 해무에 안겨
수평선도 조는 곳

언제면 그 물살에
지느러미 펼쳐 보나

잃어버린 난바다가
그리워 그리워도

몸 사려 어항을 도는,
우리 닮은 네 모습

뜨개옷

다 늦은 가을 녘에 시작한 뜨개질을
찬바람 불기 전에 마무리하려는데
대바늘 바늘코마다 끼어드는 네 모습

실에 걸려 넘어져도 실패는 실패란다
손가락 홀쳐 가며 마음 담아 지은 털옷
네 겨울, 따뜻한 온기로 안아 주고 싶었다

이제 한 코 마저 뜨면 네게 입혀 볼 참인데
돌연히 멈춰 버린 심박동 그래프를
아무리 솜씨 부려도 살려 낼 수 없구나

미학 개론味學槪論

퉁퉁 부은 덩어리가 왜 나만 치느냐고
갈래갈래 조여 오는 목숨 줄 투정해도
수타면, 난타한 면발, 가늘수록 차지다.

열탕에 떠밀더니 냉탕에서 휘돌리고
얼굴 한번 못 내밀게 검은 복면 덧씌우면
그제야 이름값 하는 수타 자장면이지.

이름값 일없노라 줄행랑친다 한들
줄줄줄 국수로나 조몰락댄 수제비로
밀가루 본심을 뜨면 그도 저도 매일반.

조금씩 맛이 다른 인생도 마찬가지
양념이나 고명 따라 선호도 나뉘지만
올 때 쥔 주먹까지도 모두 펴고 갈 것을.

녹슨 거울

고장 난 거울인가
저 안에 내가 없다

좌우만 바뀌더니
세월도 착각하고

저 혼자 내달렸는지
어슴푸레 놀빛뿐

미술관에서

덧칠한 유화인가
한결같은 열정의 생

가늠을 뛰어넘은
음영의 저 깊은 멋

고단한 굴곡이라고
꺼릴 일도 아니네.

그 한 끗 수채 닮아
투명한 그대 삶도

누군가 허락 않곤
펼치지 못했을 터

끝 날엔 오직 감사로
감싸 안을 수밖에.

비단으로 마감한들
화려花欄 세공 액자인들

안목을 겨누는 건
붓질의 흔적일 뿐

언젠가 벽에 내걸릴
우리들의 궤적처럼.

시의 씨앗

어느 부호가 모아 두었던 미술품이 전시되고 있었다. 그렇게 귀한 작품들을 평생 모았으나 그는 그중 어느 하나도 가지고 갈 수 없었다는 사실이 아이러니했다.

처음 보았다

무화과 꽃 통 아래
수줍은 꽃받침을.

그 통 속 단물 올라
화르르한 송곳니로

어머니 등살에 돋은
뾰족뾰족 물집들을.

밭둑에 내리꽂힌
무거운 팔월 볕살

러닝셔츠 구멍마다
검게 쌓인 그 흔적을.

아무도 부러워 않는
쓰린 삶의 훈장들을.

볕살로 끓인 단물
야금야금 마시면서

그 덕에 내 유년이
도탑게 익을 즈음

그 등살 물집들 터져
눈물겨운 꽃동산을.

누름 꽃이 날것에게

소식 한 줌 없던 그가
재로 돌아오는 시각

앓다가 탓하다가
서러워 흐느끼다가

온 하늘 먹칠해 대는
까마귀로 날다가

허락된 그만큼씩
묶묶으로 나눴으니

젊은 날 보석함도
이제는 내려놓고

철든 척, 이별조차도
축복이라 말하네

돌아와 실눈 뜨는
늦가을 국화꽃은

무서리 마다 않고
하늘 뜻 새기는지

노랗게 더 샛노랗게
절정으로 타는데

죄 없는 곳에서나
재회할 사람이라

그 인연 감사하며
등 밝히는 저녁나절

날것이 부러운 눈길
꽃 누르미, 아리다

성탄 그 후

진흙을 사람으로
사람을 생명으로.

무無에서 온 세상을
지어 내신 압바 닮아

세상에!
아기로 오시어
우리같이 사신 분.

샘물을 포도주로
포도주를 당신 피로.

선혈로 해갈시켜
사람을 사랑으로.

아버지,
그 하늘에서
끄덕이고 계시네.

가로막이 십자가

허물어진 뼈마디를 가로막에 고정한 채
못 박힌 손바닥이 쓸어안는 파도 자락
그 봄날 수평선에서 그분 어깨 보았네.

고통보다 더한 치욕 그보다 깊은 슬픔
마침내 땅 끝으로 쏟아진 피와 땀을
오롯이 다 쓸어 담는 그분 사랑 보았네.

용오름 솟는 모습 하늘에 떠올리면
외기둥 세운 자리 가로막을 걸쳐 두고
한없이 섬들을 품는 십자가가 보이네.

너울은 막아 주고 섬은 뭍에 이어 주고
그렇듯 펼친 팔로 세상을 품으시는,
몸마다 내 님 부활을 그려 내는 수평선.

시의 씨앗

무슨 까닭인지 어느 날은 수평선이 마치 거대한 십자가 같았다. 파도를 가로막아 인류를 품고 있는 듯한 그 십자가 형상이 마음에 오래 남아 있었다.

부활 역학復活力學

더는 나눌 수 없어도 어디든 갈 수 있어
빛으로 움직이며 무한대를 넘나드는
굴레도 막힘도 없이 절로 사는 존재여

그렇듯 되살아난 그 님을 붙들고서
골고타 언덕에서 울었다는 여인 소식
누군들 믿어 주기를 바랄 수도 없었네

언젠가 이 한 몸도 삭을 대로 삭은 후에
존재의 중심으로 모이고 모여들어
황홀한 그 생명으로 새 옷 갈아입기를

시의 씨앗

일각에서는 부활의 신비를 양자역학量子力學으로 풀어내려 한다는 이야기를 들었다. 불신을 설득하려는 노력이 사람의 지적 능력을 초월하는 신비를 더듬고 있다. 아무튼 나는 선물로 온 나의 신앙에 감사할 따름….

후기

1. 묶음 그리고 펼침

풀잎 하나도 예사로 보이지 않을 때가 있다. 자연은 우리에게 휴식을 주고 더불어 살아가야 하는 당위성을 그들 나름의 몸짓으로 웅변한다. 더구나 **백화등이 핀 정원**으로 초대받아 그 향기를 나누는 기쁨은 색다른 맛이다. 하얀 바람개비 꽃처럼 나의 시도 이웃들에게 향기롭게 다가가면 좋겠다.

어릴 적 만났던 바다는 늘 나의 꿈길을 따라다닌다. 그 출렁임, 넉넉함, 생명력은 나의 시적 텃밭에서 예사롭지 않은 넓이를 지니고 있다. 특히 제주 바다는 그 아름다움이 빼어나 언제든 다시 가고 싶은 곳이다. 그래서 **섬 하나 안고**도 그리움으로 출렁이다가 메밀밭까지 풍성하게 키우는 제주와, 그런 바다 풍경을 노래하지 않을 수 없다.

예술과 예술가 또한 시의 소재에서 빼놓을 수 없다. 몇 해 전 보았던 추사의 세한도처럼 강렬한 느낌을 주는 그림은 그의 삶까지 궁금하게 한다. 지하철 환승역을 지나다가, 내 주위의 지친 이웃들도 언어 예술인 **시에 환승**하여 삶이 윤택해지면 좋겠다는 바람을 가지기도 하였다.

우리는 어쩌다 보니 서로 아랑곳하지 않는 데에 익숙해지고 있는 듯하다. 개인주의적 경향이 갈수록 더 만연해지는 세상이지만 이웃을 조금 더 눈여겨보고 **아랑곳하다** 보면 우리가 살아가는 사회와 삶이 조금 더 나아지지 않을까 기대하는 마음이다.

여덟 번째 시집 『하늘 꽃 이야기』에 이어 여전히 개념의 형상화가 나의 관심을 끈다. 우리가 하는 말의 의미를 어떻게 그려 낼 수 있을지 고민하고 시로써 형상화하는 것은 대단히 매력적인 작업이다. 그래서 **다시 하늘 꽃**을 피워 본다.

인간이라면 누구에게든 약속된 일정 하나는 마지막 그때이다. 그 때 나는 어떤 옷을 입게 될까? 매일을 충실하게 살아서 가벼운 **새 옷** 한 벌 구할 수 있기를, 그 숙제를 하는 일에 좀 더 충실할 수 있기를 기도한다.

이렇게 아홉 번째 시집을 묶고 또 펼친다.

2. 천 년 쌓인 햇살만 한 기쁨

시집을 낸답시고 서평을 청하기도 민망하여, 나의 시력詩歷을 한번 돌이켜보자는 생각이 들었다.

시인 김춘수는 '시는 언제나 어떤 매개 없이 독자와의 직접 교섭을 요구한다.'고 하였다. 그럼에도 시인들이 자작시 해설을 쓰는 것을 보면 소통에 대한 절실함이 때로는 시만으로는 어렵다는 것을 느껴서가 아닐까. 그리고 몇몇 시인이 말하길 영감은 시인 자신이 만들어가는 것이라고 하였다. 영감이라고 하여 어느 순간 하늘에서 툭 떨어지는 것이 아니라 그가 살아오며 느끼고 겪고 마음에 새기고 되새김질해 온 것들이 어떤 자극을 받았을 때 새로운 이미지로 응축되어 떠오른다는 뜻이다. 그러니 시를 창작하는 데에 환경이나 상황, 살아온 배경 또한 매우 큰 영향을 미치는 것이라는 말이 될 것이다. 그러니 나의 지난날 고백도 독자에게 좀 더 다가앉는 몸짓이 되리라 믿는다.

독일의 시인 횔더린은 '시작詩作은 모든 행위 중에서 가장 죄 없는 일'이라고 하였다. 정말 죄 없는 일인지는 모르겠으나, 아무튼 나도 내가 이 '죄 없는 일'에 어떻게 뛰어들었는지를 돌아보려 한다. 내가 써 온 시가 이런 모습을 지니게 된 내력 같은 것이다.

대여섯 살쯤, 나는 아침에 일어나면 머리맡에 둔 큰 언니의 책가방을 열고 음악책을 꺼내어 첫 곡부터 마지막까지 노래를 다 부르는 것으로 하루를 시작하였다. 여덟 살 차이가 나는 큰언니의 가방에서 꺼낸 음악책을, 글자를 알았는지 기억나지도 않지만, 아무튼 아마도 귀동냥으로 배웠을 노래에 그만큼 진심이었던 것을 보면 내게는 타고난 흥이 있었던 듯하다. 아직 어린데다가 아무도 눈여겨보지 않고 시켜 주지 않아서 나설 수는 없었지만, 성탄절에는 성당 교리실의 창문에 붙어 서서 어린이 성극에 나오는 노래들을 다 외워 식구들 앞에서 공연하곤 했다. 아직 우리 집에는 호야등을 쓸 때였으니, 환한 전깃불 아래에서 연습하는 아이들이 부러웠는지도 모른다.

초등학교 2학년 때 교내 백일장에서 뽑혀 학교 운동장에서 하는 전교 조례 시간에 수상하던 순간, 문득, 나는 커서도 이런 일을 하게 될지 모른다는 생각이 막연히 들었던 것을 아주 나중에 떠올리면서 나의 감수성은 결핍과 가족애와 자연, 그중에서도 바다와 더불어 자랐다는 것을 알게 되었다. 어려서부터 산이나 들, 물가에서 많이 놀았으니 어머니께서 산나물이나 쑥, 해초를 뜯으러 다니신 때문이었다. 언니들이 학교에 간 뒤라 나는 어머니 꽁무니를 따라다닐 수밖에 없었는데 그러면서 자연을 눈여겨보는 습관과 혼자서도 잘 노는 법을 익힌 듯하다.

언니에게서 선물 받은 동화책 덕분에 독서의 매력

에 빠져들어 중학교 시절에는 잠깐 쉬는 시간까지도 거의 도서관에서 보내곤 했다. 괴도 루팡과도 사귀면서, 도서관을 꽉 채우고 있던 소년소녀 문고가 나의 절친이 되었다. 그렇다고 외톨이는 아니었으니, 예닐곱 명 친구들과 함께 담임 선생님께 부탁드려 일파회一派會라는 이름까지 얻은 모임을 만들었다. 우리가 오래도록 서로 마음을 모아 같은 파장으로 잘 지내기를 바라며 선생님께서 주신 이름이라는 생각이 든다. 이제는 고인이 되신 선생님께서도 내가 시인으로 불리는 것을 아시면 기뻐하실 것 같다. 이는 담임 선생님께 들은 이야기 하나가 떠올라서다.

당시는 5월 8일을 어버이날이 아니라 어머니날이라고 불렀는데, 그날 행사에서 낭송할 시를 국어 시간에 각 반에서 써 냈다. 그리고 나의 시가 뽑혔는데, 국어 선생님께서는 아이가 이런 시를 쓸 리는 없으니 분명 표절일 것이라고 하셨으나 담임 선생님께서 '내가 이 학생의 가정 환경을 아는데 여기 적힌 그대로이니 이 시가 절대 표절일 수가 없다'고 하셔서 결국 채택되었다는 사연이다. 이후 국어 선생님께서도 나를 눈여겨보셨고, 나는 특별 활동으로 당연히 문예반에 들었다. 요즘의 방과 후 수업처럼 체계적이지는 않았고 명목뿐이긴 했지만….

고등학교에 가서도 문예반에 들었는데, 시조시인이신 국어 선생님이 담당이셨다. 얼마 후 학보사가

만들어지면서 학보와 교지를 만드는 일을 할 학생들을 뽑게 되었다. 그런데 나는 그 선발 과정에서 떨어지고 말았다. 작품 심사를 통해 선발한다고 알고 있었기 때문에 그 일은 큰 충격이었다. 내게 글을 쓸 재능이 없다는 말인가 하는 생각이 들면서 혼란에 빠진 것이다. 며칠을 고민한 후, 나는 선생님께 여쭤 보아야겠다고 결론을 내렸다. 게다가 내게는 너무도 심각한 일이었기 때문에 어둑한 시간까지 교문 앞에서 선생님을 기다렸다. 그때도 수줍음이 많았던 탓에 아무데서나 무턱대고 선생님을 뵐 수가 없어서 늦은 시간까지 교문 앞에서 퇴근하시기를 기다렸던 것이다. 얼마나 조마조마했는지! 그럼에도 나는 그 질문이 내 인생을 걸 만한 일인 것처럼 느꼈다. 드디어 선생님을 뵈었고 큰 용기를 내어 나의 글이 탈락될 정도로 형편없었는지를 여쭈었다. 선생님께서는 깜짝 놀라시며 명단에서 빠진 줄을 몰랐다고 하셨고, 함께하는 것으로 결정을 내려 주셨다. 어떻게 그리 당돌한 질문을 할 수 있었는지 지금 생각해 보면 참 무안한 일이기도 하지만 그만큼 나는 이미 글쓰기를 운명이라 여겼던 것 같다.

학보사에서 매월 학보를 펴내면서, 당시 고등학생들로는 과할 만큼 시조 덕을 보았으니, 학교의 지원으로 시내 중심가의 화랑에서 단체 시조화전을 열었고, 개천예술제에도 함께 참가하였을 뿐 아니라, 이영도 시인을 초청하여 문학에 대하여 듣고 그분과 대화하는 시간도 가졌었다.

그렇게 시조시인 선생님과의 만남은 자연스럽게 시조라는 우리 민족 고유의 정형시로 나를 안내하였다. 많은 사람들이, 특히 시를 쓰는 이들이 하필 정형시를 쓰는지 의아해한다. 율격이라는 틀에 갇혀야 하니 답답하겠다고.

시에는 산문시, 자유시, 정형시가 있지만, 내게는 정형이라는 그 틀이 내가 쓴 글이 시다운가를 가늠해주는 기준으로 다가왔다. 그리고 정형에 잘 들어앉히기 위해 시상과 언어를 깎고 다듬고 가지치기하는 과정이 되고에서 참으로 요긴했다. 게다가 우리말은 교착어라서 체언과 조사의 결합 그리고 용언의 어미변화로 대개 3음이나 4음의 음절을 지니고 있으니 그로써 3·4·3·4/3·4·3·4/3·5·4·3이라는 음수율을 구성하기에 적절할 뿐 아니라, 이 음수율 혹은 음보율이 이루는 운율이야말로 음악을 좋아하는 나의 기질에도 딱 맞아떨어진 것이다. 또한 시조의 초·중·종장은 서론·본론·결론이나 도입·전개·결말 같아서 상의 전개에도 제값을 하였다. 그러니 내게는 시조가 시를 빚기에 너무도 안성맞춤인 그릇으로 다가온 것이다. 그래서 점점 시조 빚는 일에 빠져들었다. 물론 때때로 이 그릇에 담아내기 어려운 상이 떠오를 때면 자유시나 산문시도 마다하지 않지만….

그 무렵 샘터사에서 발간하는 월간잡지 ≪샘터≫에 샘터시조상이 있었는데 그때 수록된 시조를 보고 독자들이 보내온 팬레터가 매일같이 한 묶음이었다. 집배원께 미안한 마음이 들 정도였는데, 요즘에야 손 편지가 거의 자취를 감추었으니, 돌이켜보면 참 아름답고 사람 사는 냄새 나는 시절의 추억이다.

그런 발표는 부산일보의 독자 투고란을 통해서도 이어졌는데, 역시 시조를 보냈고, 아직 고등학생인 입장으로서는 간간이 받는 원고료가 용돈으로 쏠쏠하였다.

어느 해 연말, 그 독자투고란 담당 기자에게서 연락이 왔다. 심사하시는 선생님과 만날 자리를 마련하려는데 나오겠는가 하는 내용이었다. 그렇게 뵙게 된 분이 지금은 고인이 되신 살매 김태홍 시인이시다. 그 자리에 나보다 스무 살쯤 연배가 높은 다른 여자 투고자도 함께했는데, 아마 우리 두 사람이 눈에 띈 단골이었던 것 같다. 그분도 후에 문단에서 기성 시인으로 만날 수 있어서 반가웠다.

살매 선생님께서는 늘 격려를 아끼지 않으시며 문학 전공으로 진학하지 못한 나의 아쉬움을 달래 주셨다. 개인 시화전에는 꼭 걸음 해 주셨고 아직 등단을 하지 않았는데도 시집을 발간하라고 밀어주기도 하셨다. 그래서 첫 시집인 『불을 지피며』를 1986년 11월에 발간하게 되었는데, 사실 ≪시조문학≫에서 85년 여름호와 86년 여름호에 박재삼, 리태극 선생님께 이미 2회 추천을 받았지만 편집 오류로 천료 발표가 되지 않았고, 이듬해인 1987년 봄호에 고두동, 유성규, 리태극 선생님 추천으로 3회째 등단하게 된 곡절이 있었으니 그 첫 시집 발간 일정이 등단의 턱걸이에는 미처 닿지 않았던 것이다.

아무튼, 살매 선생님께서는 시인이셨지만 시조를 무척 아끼셨고, 교육자로서 시조 보급을 위해 애쓰신 분이기에 내가 투고하는 시조도 눈여겨보셨으리라는 생각이 든다.

아동문학가인 고 조유로 선생님께서도 시 다음에는 시조 그리고 그다음에 동시를 쓰는 게 순서라고 하시며 큰 관심을 가지고 격려해 주셨다. 시로써 시상을 펼치는 연습을 하고 시조로 율격을 익힌 다음에야 순수하고 자유로운 동시를 쓸 수 있다는 뜻이었다.

대학에 갈 형편이 안 되어 고3 때 진학을 포기했다가 뒤늦게 준비하여 간호대에 가게 되었는데, 지나서 보니 그 또한 참으로 유익한 선택이었다. 간호 현장은 말 그대로 삶과 죽음이 공존하는 곳이라 인생의 역동적 경험들을 접할 수 있었던 것이다. 그리고 그런 경험들이 나의 사고를 풍부하게 해 주었고 내 시의 질료가 되어 주었다. 하지만 가지 못한 길에 대한 아쉬움이 늘 남아 있었고, 그래서인지 취업 후 월급날이 되면 시내 서점으로 가서 인문학 서적을 사는 습관이 생겼다.

1980년대에 홍성사에서 발간하는 번역물이 홍성신서弘盛新書라는 시리즈로 출간되었는데 『릴케』, 『비교문학론』, 『문학연구의 방법론』, 『예술가와 그의 그림자』, 『언어학의 이해』 등등 귀한 책들을 구할 수 있었다. 그리고 월간 문예지의 월평을 통해 다른 시인들이 시상을 전개해 나가는 미로를 따라가 보며 이미지를 형상화하는 과정을 익힐 수 있었다.

대학 졸업 후인 1980년 11월에 고등학교 학보사에서부터 함께했던 동기와 2인 시화전을 광복동에 있는 명문다방에서 열었는데 그곳이 문인들이 많이 들르는 곳이기도 하였던 까닭이다. 그때까지만 해도 그런 이벤트가 그리 많지 않아서였는지 제법 사람들의 눈길을 끌었던 기억이 난다.

1983년 5월에는 광복동에서도 옛 시청 쪽 끄트머리에 있던 다방 백조에서 개인 시화전을 열었으니, 당시 그곳은 문학하는 청년들의 아지트였다. 제법 넓은 곳이라 어둑한 구석자리에서 차 한 잔을 시켜 놓고 종일 뭔가를 끄적거리는 청년도 있었고, 다방 입구의 메모판에는 주인을 기다리는 쪽지들이 빼곡하곤 했다. 가까이에 그 유명했던 양산박도 있었고 나중에는 가마골 소극장도 생겨 더욱 그랬을 것이다. 휴대 전화도 없던 시대였으니 시내에 그런 아지트를 하나쯤 정해 두고 사람들과 연결될 필요가 있었던 것이다. 지나서 생각해 보니 당시에는 그 일대가 부산의 몽마르트르가 아니었나 싶다.

그 시기에 책 사는 습관 외에 그림 그리기에도 빠져들었다. 친구의 화실에 다니며 유화를 익히고, 밤 근무 후의 나른한 몸으로도 화구를 들고 야외로 그림을 그리러 다니곤 했다. 유화 물감과 린시드유, 테레핀유에서 나는 냄새에 매료되었고, 팔레트에 색이 어지럽게 덧입혀져도 그조차 추상화 같았다. 고단한 근무 시간 외에는 기타를 들고 놀다가 시를 쓰고 그림을 그리다가 책을 읽다가 … 조금은 쓸쓸하게 또 조금은 열정을 다해 그렇게 나의 이십 대를 만끽하였다.

빠뜨릴 수 없는 기억 하나가 있다. 샘터에서 연락처를 보고 함께 시조 공부를 하자고 엽서를 보내 온 분이 있었다. 정석주 시인. 나래 동인을 이끌던 분이다. '나래'는 시조에 대한 열정으로 뭉친 몇몇 동인이 문경에서 날개를 펼쳐 날아오르던 참이었고, 전국으로 그 영역을 넓히느라 나에게까지 연락이 닿았던 것이다. 1981년에 동참하였는데 점차 함께하는 이들이 늘어 전국의 동인 시조화전을 부산에서 열기도 하였다. 유화로 회원들의 시조에 배경 그림을 그렸던 기억이 난다. 정석주 회장이 타계한 이후 개인 사정이 생겨 동반의 손을 놓고 말았지만 등단 시기에 버팀목이 되어 주었던, 지금도 그리운 분들이다.

등단과 더불어 여러 문인 단체에 발을 들여놓으면

서, 작품을 발표할 지면을 얻게 되었고, 문인들과의 교류로 창작에 대한 자극도 받을 수 있었다. 그리고 시집은 물론 장르에 구애받지 않고 주어지는 대로 수필집, 실화소설집, 역사서 등도 출간하였고, 여러 지면에 문학뿐 아니라 시사적인 글을 실을 수도 있었다. 그러고 보니 청년기 나의 꿈이 세상에 조금이라도 선한 영향력을 끼칠 수 있는 칼럼니스트이기도 했으니 그 꿈에 조금 다가간 듯도 하다.

삶에서 거둔 실패와 성공들 그리고 만남과 이별은 물론, 어머니 그리고 나의 신앙 또한 내 시의 소중한 수맥이다. 어릴 적 아침마다 눈뜨면 보이지 않던 어머니를 붙들어 두려고 어머니 옷고름에 내 손목을 묶고서야 잠들곤 했던 기억이 난다. 그런 어머니께서 마지막 시기에는 알츠하이머병 탓에 나를 묶어 두셨는데, 그 시절이 어머니와 내게는 아주 특별한 꽃길이었다. 그래서 그 꽃길 이야기를 수필집으로 묶어 『어머니의 꽃길』이라는 제목으로 출간하였는데 치매 환자 가족들에게 유익하다 하여 치매가족협회 추천으로 보건복지부 장관 표창까지 받게 되었으니, 그 또한 어머니께서 마련하신 선물이라는 생각이 든다. 아울러 나의 신앙과 어려서부터 내가 몸담아 온 영성 또한 나를 형성한 가치이기에 드러내지 않으려 짐짓 은유에 묻어 두어도 뾰족뾰족 고개를 내밀고 만다.

나는 나의 시·시조가 미학에 성공하였는지, 윤리적인지 철학적인지 판별할 수 없다. 뿐만 아니라 사물시인지 관념시에 가까운지, 형이상시라 할 수 있는지도 독자와 비평가에게 맡길 수밖에 없다. 다만 글을 통하여 누군가의 외로움이나 아픔을 위로해 줄 수 있기를, 힘든 이에게 용기가 되어 주기를 희망하였다. 그리고 삶을 살아볼 만한 것으로 긍정하게 하는 꼬투리가 될 수 있기를 바랄 뿐이었다. 만일 나의 글이 단 한 명의 독자에게라도 그렇게 소용되었다면 내가 겪은 고통들도 가치를 지니게 될 것이고, 내가 이 땅을 지나간 나름의 몫을 하였다고 기뻐할 수 있겠다.

훌륭한 시인이란 잘 빚어진 악기라고 할 만하다. 가장 작은 자극에도 가장 먼저 떨리기 시작하고, 그 음이 깊고 그윽하여 청중을 매혹시키는 악기. 자신에게 다가온 자극을 최대한 보편화시켜 많은 가슴에 감동을 안겨줄 줄 아는 악기라고 할 수 있을 것이다. 그런데 솔직히 말하자면 나는 시 공부를 많이 하지 못한 편이다. 중학생 때 들었던 '표절'이라는 낱말이 내게 족쇄가 되었는지도 모른다. 좋은 시를 읽고 나서 나도 모르게, 의도하지 않아도, 누군가의 기막힌 시상이 내 마음에 남아돌아서 내 것인 양 들앉아 있다가 어느 순간 툭 튀어나올까 염려해서다. 그런 결벽증 같은 것이 다른 이들의 작품을 멀리하게 했던 것이다. 그렇게 나의 색깔을 가지려고 애썼다. 한참을 혼자 작업에 몰두했는데, 지나고서야 감동적인 시가 세상에 얼마나 많은지,

시를 잘 쓰는 시인은 또 얼마나 많은지를 알고 깜짝 놀랐다.

한때는 빼어난 시를 쓰고 싶어서 마음이 산란할 때도 있었으나, 그마저 내려놓고 나의 한계를 받아들이고 나니 마음이 넉넉해졌다. 우리 모두의 모습이 다르듯 각자에게 다가올 영감도 다를 것이며, 그것을 풀어낼 능력 또한 다르지 않겠는가. 시작詩作에 더 매진하지 못했음이 아쉽긴 하지만 그렇다고 나 자신을 옥죄고 싶지 않다. 그보다는 이웃들과 친밀하게 쌓아온 시간들이 위로가 되기 때문이다.

아무튼 이 시집으로써 독자들과 함께 천 년 쌓인 햇살만 한 기쁨, 그 두께에 결코 짓눌리지 않을 기쁨을 나눌 수 있다면 참 좋겠다. 나와 함께한 모든 인연들에 감사드리며….

3. 시의 씨앗

문덕수 시인은 '시의 종자'라는 말을 썼다. 어떤 이미지가 마음속에서 지워지지 않고 갈수록 절실해지다가 시상詩想으로 자리 잡는 것을 말한다. 언제부턴가 나 역시 '시의 씨앗'이라는 말로 독자와 시 사이에 다리를 놓곤 했다. 그 시를 쓰게 된 경위를 짧게 내비치는 일이다. 그리고 독자들의 반응도 의외로 좋았다.

마침 월간지 ≪그물≫에 그런 이야기를 풀어 연재했던 원고들이 있어서 그중 몇 편을 싣는다.

잊고 있었던 선물

내 마음 깊은 곳에
소리 하나 숨어 산다

수줍고 겸손하여
나서는 일 드물어도

고요히 귀 기울이면
할 말은 꼭 가려 하는.

「하늘 꽃 16 –양심」 전문

시를 쓰면서 막연한 개념들을 형상화하고 싶다는 생각을 하게 되었다.

예를 들어 기쁨이나 슬픔, 그리움이나 신앙, 용서, 세월 같은 말들도 얼른 마음에 와 닿을 수 있는 표현을 찾아서 독자들과 함께 음미하고 싶었던 것이다.

그중에 떠올린 하나의 낱말 – 양심.

양심을 어떻게 그려 낼 수 있을까?

본 적도 없고 만질 수도 없고...

문득, 내 안에서 가느다랗게 속삭이는 소리를 들었던 기억이 났다.

게으름 피우고 싶을 때,

힘든 일 앞에서 외면하고 싶을 때,

굳이 내가 나서지 않아도 해결되겠지 하며 손 놓은 채 지나가고 싶을 때,

중요하지도 않아 보이는 이야기를 또 들어 주어야 할 때,

옳지 않은 줄 알면서도 한 번쯤은 귀찮아서 눈감아 주고 싶을 때,

이렇게 세세하게 분리수거를 꼭 해야 할까 싶을 때,

속상해서 엄청 욕해 주고 싶을 때,

나만 왜 손해 보아야 하냐고 억울하게 생각될 때,

……

바로 그 소리가 속삭이는 것을 들었다. 마음속 아주 깊은 데서 들릴 듯 말 듯, 그래도 귀 기울여 보면 분명 들렸다. 귀를 기울일수록 점점 더 잘 들렸다. 게다가 그 소리를 따르다 보면 차츰 마음이 편안해졌다. 억울해할 까닭이 없어졌다. 욕해 주고 싶은 이웃도 그럴 수 있으리라고 이해할 수 있게 되었다. 분리수거도 지구를 살리는 데 아주 중요한 일이라는 생각을 다시 하게 되었다. 이야기를 잘 들어 주고 나면 마음 가벼워진 이웃의 평화가 내게도 건너왔다. 그렇게 자유가 찾아오는 것을 느꼈다. 그래서 참 기뻤다!

양심은, 옳고 그름을 판단하게 할 뿐만 아니라, 더 잘 사랑하도록 밀어주었다.

잊고 있었던 선물, 양심을 깨워 주곤 하는 신앙이 감사하다.

양심을 북돋우고 자라게 하는 영성이 있어서 또 얼마나 다행인지 모른다.

그가 나를 다듬어 주다

제 살을 깎아 대는
저 숱한 이웃들과

오늘도 살 맞대고
돌돌돌 화해하는

물길 속 비단결 마음
햇살 한 줌 업었다.

「몽돌은」 전문

물속에서 햇살에 몸을 내맡기고 있는 돌멩이를 본다. 매끄러운 모습이 흡사 비단결이다. 햇살 아래 일렁이는 물살의 그림자 또한 부드러운 붓질 같다. 문득 내 이웃들이 떠오른다.

건강하지 않은 남편을 만나 자신의 건강도 돌보지 못하고 오늘도 닳을 대로 닳은 관절을 움직여 일하고 있는 친구.

시어른에게서 괜한 미움을 받아 평생 눈물 바람으로 지내는 선배.

우연히 마음이 어긋나 형제처럼 지내던 이와 깊어진 갈등의 골을 마주친 이.

끊임없이 밀려오는 어려움에 휘청거릴 수밖에 없는 그 사람.

자녀들에게서 이해받지 못하고 노년의 삶을 고독으

로 버티고 계신 분.

그리고, 또 그리고….

그런데 신기하게도 그들은 하나같이 평온하고 고요하다.

애초에 우리가 지녔을 모습을 떠올려 본다. 큰 바위를 쳐서 조각조각 떨어져 나온 자갈같이 날 선 부분, 패인 곳, 긁힌 흔적을 지니고 있지 않았을까? 우리를 창조하신 분께서는 우리의 그런 부분을 서로 깎아 주라고, 역시 날 서고 패였고 긁힌 이웃들을 우리 곁에 두셨을 것이다. 인생이라는 물길 속에서 서로 부딪히고 서로 긁어 가며 그 아픔을 견뎌 냄으로써 차츰 비단결 같은 몽돌이 되기를 바라셨나 보다. 그러고 보면 모난 내 이웃이 누구보다 더 나를 많이 다듬고 있을 것이다. 살 맞대고 서로 긁어 주지 않으면, 돌돌돌 부대끼며 서로 화해하지 않으면, 나는 언제까지고 모난 대로 남아 있을 수밖에 없을 터이니.

내 살을 깎아 대는 내 이웃이야말로 나를 다듬어 주는 끌이며 정이고 사포다. 그가 없다면 나는 여전히 모난 채 울퉁불퉁, 삐쭉빼쭉, 방향도 잃은 채 떠밀려 다닐지도 모른다. 사실 그런 그들과 화해하기가 쉽지는 않다. 깎일 때는 아프기 마련이고 그 아픔부터 들여다보게 되어 있으므로.

그렇지만 몽돌을 보며 떠올린 나의 그 이웃들은, 분

명 그렇게 깎였을 테고 이제 비단결 같이 곱다. 그러니 나도 그들처럼 나를 다듬기 위해 깎이는 현실을 두려워하지 말아야겠다. 오히려 나의 모난 구석을 그들의 날카로운 귀퉁이에 부딪고 그렇게 서로 다듬는 일을 서둘러야 하리라.

이 물길이 어디서 끝나는지 나는 알지 못하므로!

누가 언제 나를 이 물길에서 건져 올릴지 알 수 없으므로!

그날, 햇살 업은 몽돌 하나가 그렇게 나를 재촉하였다.

이 길 끝에서

풍광 보러 가던 길에
너랑 놀다 돌아왔네

널 찾아 떠났다가
날 만나 데려왔네

언젠가 이 길 끝에선
내가 나랑 가겠네.

「하늘 꽃 8 -여행」 전문

집 떠나면 고생이라지만 여행은 늘 설렘을 준다. 마음먹기부터 기다림까지, 또 가는 내내 마주치는 낯선 경치가 우리에게 신선하게 다가온다. 초행뿐 아니라 추억 여행 또한 그러한 까닭은 나서는 걸음 자체가 그 순간마다 늘 새 것이기에 그렇지 않을까 싶다. 물상이나 풍경뿐 아니라 만나게 되는 사람이나 사건도 낯설어, 당황해하거나 신기하고 즐겁기도 하다.

그런 새로움과 신선함을 우리 인생에도 대입할 수 있지 않을까? 고통스러웠던 순간도 지나서 보면 추억하게 되는 것은 삶의 고비마다 우리를 돌보시는 손길이 있기 때문일 게다.

경치를 보려고 나서더라도 우리는 어디서든 이웃을 만나게 되어 있다. 운전을 해 주는 사람, 매점 직원, 지나쳐서 길을 가는 사람이든…. 우주로 떠나더라도 혼자 갈 일은 아닐 테니. 그러니 풍광 보러 떠난 길이라도 너랑 놀다 돌아오게 되어 있다. 그런데 너를 찾아 떠났어도 그 만남이 알차고 사랑으로 채워졌을 때는 흐뭇이, 혹은 서로 사랑하지 못하고 갈등을 일으켜 상처가 남았더라도 그 만남에 대한 결과는 내 것이니, 나를 들여다보게 된다. 결국 나를 만나기 마련이다.

얼마 전 천국 여행을 떠나신 친구 어머니가 계시다. 외동딸을 키우셨는데 정작 딸은 자신의 사랑을 찾아 먼 나라로 가서 결혼을 했고 거기서 삶터를 꾸렸다. 물론 따님이 다니러 오기도 했고 주위에 친구분들도 계셔서 씩씩하게 사셨지만, 30여 년이 훌쩍 지나도록 홀로 계셨던 그 어머니는 내게도 한편으로 어머니 자리를 차지하신 셈이었다. 명절이나 편찮으실 때는 찾아뵈어야 마음이 놓였다. 세배 드리러 갔다가 용돈으로 쓰시라고 봉투를 이불 밑에 숨겨 놓고 와도 찾아내기만 하시면 화를 내면서라도 기어이 내게 되돌려주던 분이셨다. 말년에는 청력이 떨어지셔서 통화도 힘들었고, 결국 혼자 계실 때 넙다리뼈를 다친 후 수술을 받고는 깨어나지 못하셨다. 하필 팬데믹 상황이라 병문안도 직계 가족 외에는 허락되지 않았고, 멀리서 달려온 딸과 사위도 도착하자마자 코로나19에 걸려 몇 번 뵙지도 못하고 며칠 만에 보내 드려야 했다. 평소에 워낙 남에게 신세 지지 않으려 하시던 성품 그대로, 가시는 걸음에서조차 마치 찬바람처럼 그렇게 곁을 주지 않고 떠나신 것이다.

친구 어머니께서 가신 과정을 돌이켜 보며 이 시가 떠올랐다. 그렇다, 언젠가 이 길 끝에선 누구든 '내가 나랑' 갈 수밖에 없다. 그 길을 얼마나 신나게, 혹은 마지못해 가게 될지는, 살아가며 내가 나랑 얼마나 잘 지냈는가에 달려 있을 것이다.

그런데 우리는 그 비결을 배웠다. 내가 나와 잘 지내기 위해서는 자주 '널 찾아 떠나' 너와 나 사이에 사랑이 자라게 함으로써 그 사랑에 맛 들여야 한다는 것을. 그것이 내가 스스로 잘 지내게 해 주는 최상의 비결이라는 것을….

함께

갈대도 칠면초도
무리일 때 황홀하듯

사람도 좋은 뜻으로
함께할 때 아름답다고

순천만 저 넓은 벌이
수런수런 외고 있네

「순천만에서 5- 함께」 전문

몇 년 전, 순천만을 여행할 때였다. 가을이라 고요하고 넓게 펼쳐진 벌은 사색하기에 안성맞춤이었다. 그저 가만히 바라보고만 있어도 평화로워서 세상사 온갖 걱정이 모두 사라지는 듯하였다. 신께서 우리에게 주신 자연이 바로 이런 모습이라 생각되어 마음 가득 감사가 밀물졌다.

그런데 마치 단풍이라도 든 듯 온 벌이 붉은 색이었다. 화가가 그림을 그렸다면 그냥 숱 많고 큰 붓에 붉은 물감을 잔뜩 묻혀 쓰윽 문질러도 될 듯, 낱낱의 모습이 아니라 군락 그 자체로 하나를 이루고 있었다. 감탄하는 내 모습을 보고 누군가 옆에서 '칠면초'라고 이름을 알려줬다. 칠면초, 처음 보는 생명이 주는 그 놀라운 아름다움이라니!

함초, 퉁퉁마디, 나문재 등과 함께 갯가 염생 식물인 칠면초는 갯벌의 단풍이라고도 한다. 초록색이 점차 변하여 가을이면 온통 붉게 깔리기 때문이다. 특히 저녁놀이 벌의 끝에 머물 때면 그 환상적인 풍경은 비현실적이기까지 하다. 금빛 갈대숲과 어울린 단풍 벌판에서 걸음을 떼기가 어려웠다. 그날, 어둠이 사락사락 내릴 때까지 그렇게 머물러 있었다.

문득 떠오른 낱말이 하나 있었다. '함께'.

그리고 내 주위의 선한 마음들이 생각났다. 좋은 뜻을 나누며 함께 지내온 사람들. 몇십 년이 지나도록 서로 북돋우고 위로하고 아끼며 뜻을 펼칠 수 있도록 지지해 온 사람들과의 시간들이 너무도 고마웠다. 혼자라면 이루지 못했을 숱한 일들을 우리는 함께여서 이루어 낼 수 있었다. 간혹 오해와 상처로 아파할 때도 있었지만 다시, 또 다시, 이해하고 다독이며 새롭게 일어설 수 있었던 날들이 파노라마처럼 기억의 강을 훑고 지나갔다. 서로 어둠을 캐내려 하기보다 아무리 작은 빛이라도 그것을 돋우기 위해 애쓰던 모습들. 그러다 보면 어느새 어둠은 빛에 묻혀 사라지고 말았다. 얼마나 사랑스러운 사람들인가! 낱낱의 칠면초가 보여주지 못했을 아름다움처럼 우리도 함께였기에 성숙할 수 있었고 무언가를 이루어 낼 수 있었으리라.

이 시대에는 '백마 타고 오는 초인'보다 선한 뜻으

로 함께하는 대중이 필요한지도 모른다. 삶이 워낙 다양화 다변화되고 보니 이를 단박 다스릴 만한 초인은 없을 터이기 때문이다. 조금씩이라도 서로 마음을 모으며 개인뿐 아니라 이웃과, 사람뿐 아니라 자연과도, 온 우주와도 더불어 살아가야 하는 때문이다. 그래서 인지 한 송이 멋진 꽃보다도 칠면초로 가득한 뻘의 아름다움이 더 도드라져 보였다.

무리 지은 갈대와 칠면초가 황홀하다고 노래할 때 순천만은 내게, 사람도 좋은 뜻으로 함께할 때 아름답다고 수런수런 일러 주고 있었다.

*'백마 타고 오는 초인'; 이육사의 「광야」에 나오는 구절

우주의 시계

종소리 멎은 언덕
포성도 그쳤으나

소년의 가슴속엔
끝없는 모래바람

그 누가 저 마음의 사막에
강물 한 줄 흘리겠나

전쟁의 까닭들은
종교가 아니란다

총부리 겨누는 건
민족 탓이 아니란다

자멸의 그 어리석음,
단지 악의 세력일 뿐.

슬픔조차 잃은 동심
허공을 도는 눈빛

언제야 저 가슴에
다시 울음 돌아올까

인류의 긴 사막을 걸어
아이 발이 헐었다.

「어떤 사막 -보스니아를 위하여」 전문

1992년부터 시작된 보스니아 전쟁은 1995년까지 계속되었다. 3년에 걸쳐 10만 명이 목숨을 잃었고, 220만 명의 실향민이 생겨났으니, 그중 고아나 부상자는 또 얼마나 많을 것인가!

먼 나라에서 일어난 전쟁이지만, 당시 티브이 화면을 통해 만난 한 아이의 표정이 전쟁의 참상을 각인하였다.

아이는 울 줄 몰랐고, 아무런 감정도 보이지 않았다. 생명을 살릴 수 있는 물길이 다 끊겨 버린 사막 같았다.

아이의 마을은 교회 종소리가 정겹게 울리고 이웃들이 평화롭게 지내던 곳이었다고 했다. 전쟁 탓에 종소리에 대한 기억조차 희미해졌을 그 아이에게는 포성이 오히려 익숙해졌는지도 모른다. 가족과 미래, 감정까지 잃은 아이의 막막함이 절망이라는 이름으로 내게 건너왔다.

그때의 강한 인상이 시를 쓰게 한 배경이었는데, 지금은 우크라이나가 떠오른다. 그곳에서도 분명 이런 아이들을 만나게 될 것이다. 현실적으로 아무것도 해 줄 수 없다는 무력감이 우리가 살아 내야 할 몫인가? 전쟁은 왜 인류의 역사에 이렇게도 악착같이 끼어들까?

매일 전쟁 종식을 위해 기도하지만 때로는 아무 소용이 없는 듯하다. 신께서 정말 우리 기도를 듣고는 계신 것일까? 아니면 듣기만 하시고 들어주지는 않으시는 것일까?

제2차 세계대전 중에 태어난 포콜라레운동의 창시자인 끼아라 루빅과 친구들은 전쟁으로 피폐해진 이웃을 사랑하는 일에 집중하다 보니 언제 전쟁이 끝났는지도 몰랐다고 하였다. 인류의 역사는 그렇듯 부정의 흔적뿐 아니라 긍정의 무늬를 그리며 나아가고 있을 것이다.

누군가의 불의한 의지가 저렇듯 많은 이에게 고통을 주고 있다면, 어떤 이의 선한 의지 또한 치유의 동심원을 그려 나갈 수 있으리라 믿는다.

기도! 모습이 없으면서도 때로는 한데 모여 산을 밀어 버리고 바다를 뒤집기도 하는 바람처럼 그 에너지를 가늠할 수 없는 기도! 그러니 끝이 보이지 않는 전쟁의 종식을 믿으며 기도의 연대에 동참하는 것 또한 그만둘 수가 없다.

언젠가 전쟁이 끝나고, 사막과 같은 그 땅에도 푸른 풀잎이 돋아날 때, 전쟁이 얼마나 쓸모없는 것인지 모두가 알아듣게 되리라고 굳게 믿으며 오늘도 세계 곳곳에서 함께 하는 '고리 기도'에 동참한다.

우주의 벽에 걸린 신의 시계는 분명 움직이고 있을 것이다.

그래서 해마다 어김없이 봄이 오지 않던가!

장정애 제9시집

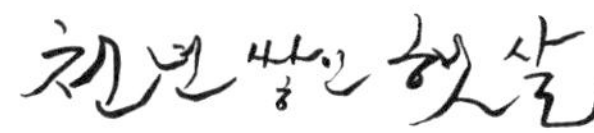

초판1쇄 발행 2024년 7월 15일

지은이 장정애
펴낸이 이길안
펴낸곳 세종출판사

주소 부산광역시 중구 흑교로 71번길 12 (보수동2가)
전화 051－463－5898, 253－2213~5
팩스 051－248－4880
전자우편 sjpl5898@daum.net
출판등록 제02-01-96

ISBN 979-11-5979-685-2 03810

정가 12,000원

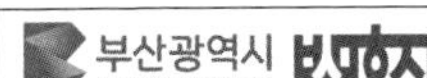

본 도서는 2024년 부산광역시, 부산문화재단 〈부산문화예술지원사업〉으로 지원을 받았습니다.